EMG3-0154
合唱楽譜<J-POP>

J-POP
CHORUS PIECE

合唱で歌いたい！J-POPコーラスピース

混声3部合唱

家族になろうよ

作詞・作曲：福山雅治　合唱編曲：加藤新平

••• 曲目解説 •••

福山雅治が2011年にリリースしたシングル。結婚情報誌「ゼクシィ」のCMソングとしても使用されていたことから、ウェディングソングとしても定番の一曲です。きれいな言葉で紡がれた歌詞と覚えやすいメロディーは合唱にぴったり。大切な人へ思いを伝えられるとっておきの一曲を、是非演奏してみてください。

【この楽譜は、旧商品『家族になろうよ（混声3部合唱）』（品番：EME-C0031）とアレンジ内容に変更はありません。】

合唱で歌いたい！J-POPコーラス

家族になろうよ

作詞・作曲：福山雅治　合唱編曲：加藤新平

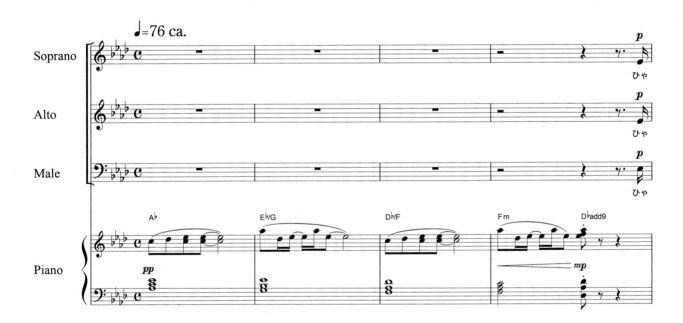

© 2011 AMUSE INC.

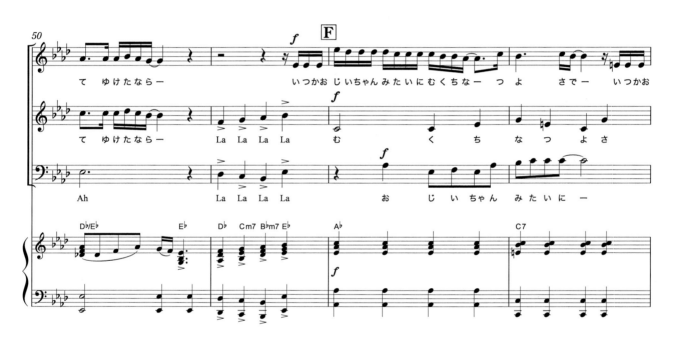

家族になろうよ

作詞：福山雅治

「100年経(た)っても好きでいてね」
みんなの前で困らせたり
それでも隣(となり)で笑ってくれて
選んでくれてありがとう

どれほど深く信じ合っても
わからないこともあるでしょう
その孤独と寄(よ)り添(そ)い生きることが
「愛する」ということかもしれないから

いつかお父さんみたいに大きな背中で
いつかお母さんみたいに静かな優しさで
どんなことも越えてゆける
家族になろうよ

小さな頃は身体(からだ)が弱くて
すぐに泣いて甘えてたの
いつも自分のことばかり精一杯で
親孝行なんて出来てないけど

明日(あした)のわたしは
それほど変われないとしても
一歩ずつ　与えられる人から
与える人へかわってゆけたなら

いつかおじいちゃんみたいに無口な強さで
いつかおばあちゃんみたいに可愛い笑顔で
あなたとなら生きてゆける　そんなふたりになろうよ

いつかあなたの笑顔によく似(に)た男の子と
いつかわたしとおなじ泣き虫な女の子と
どんなことも越えてゆける
家族になろうよ

あなたとなら生きてゆける
しあわせになろうよ

MEMO

MEMO

エレヴァートミュージックエンターテイメントはウィンズスコアが
展開する「合唱楽譜・器楽系楽譜」を中心とした専門レーベルです。

ご注文について

エレヴァートミュージックエンターテイメントの商品は全国の楽器店、ならびに書店にてお求めになれますが、店頭でのご購入が困難な場合、下記PC&モバイルサイト・FAX・電話からのご注文で、直接ご購入が可能です。

◎PCサイト&モバイルサイトでのご注文方法
http://elevato-music.com
上記のアドレスへアクセスし、WEBショップにてご注文ください。

◎FAXでのご注文方法
FAX.03-6809-0594
24時間、ご注文を承ります。上記PCサイトよりFAXご注文用紙をダウンロードし、印刷、ご記入の上ご送信ください。

◎お電話でのご注文方法
TEL.0120-713-771
営業時間内に電話いただければ、電話にてご注文を承ります。

※この出版物の全部または一部を権利者に無断で複製(コピー)することは、著作権の侵害にあたり、著作権法により罰せられます。

※造本には十分注意しておりますが、万一、落丁・乱丁などの不良品がありましたらお取り替えいたします。また、ご意見・ご感想もホームページより受け付けておりますので、お気軽にお問い合わせください。